Tableaux

DES TEMPS FORMATEURS

DES VERBES SIMPLES LES PLUS USITÉS

DANS LA LANGUE LATINE

AVEC LEURS PRINCIPAUX COMPOSÉS

D'APRÈS Freund ET Madvig.

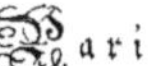

Nomina declinare et verba inprimis pueri sciant, neque enim aliter pervenire ad intellectum sequentium possunt.

QUINTILIEN. — Livre I, ch. 4.

L'Élève _______________________

Classe de _______________________

Paris

IMPRIMERIE ALEXANDRE LEBON, RUE DES FOSSÉS-SAINT-VICTOR, 5.

1866

Tableaux

DES TEMPS FORMATEURS

DES VERBES SIMPLES LES PLUS USITÉS

DANS LA LANGUE LATINE

AVEC LEURS PRINCIPAUX COMPOSÉS

D'APRÈS Freund ET Madvig.

Nomina declinare et verba inprimis pueri sciant, neque enim aliter pervenire ad intellectum sequentium possunt.

QUINTILIEN. — Livre I, ch. 4.

L'Élève ______________________________

Classe de ______________________________

Paris

IMPRIMERIE ALEXANDRE LEBON, RUE DES FOSSÉS-SAINT-VICTOR, 5.

—

1866

I

PREMIÈRE CONJUGAISON.

1 — Amo, as, amavi, amatum, amare . . . . Aimer —
2 — Domo, as, domui, domitum, domare. . . . . . . Dompter —
3 — Veto, as, vetui, vetitum, vetare. . . . . . . Défendre —
4 — Cubo, as, cubui, cubitum, cubare. . . . . . . Être couché —
5 — Crepo, as, crepui, crepitum, crepare. . . . . . Faire du bruit —
6 — Seco, as, secui, sectum, secare, secaturus. . . Couper —
7 — Sono, as, sonui, sonitum, sonare, sonaturus. . . Sonner —
8 — Juvo, as, juvi, jutum, juvare, juvaturus. . . Aider —
9 — Do, as, dedi, datum, dare. . . . . Donner —
10 — Sto, as, steti, statum, stare. . . . . Être debout —

COMPOSÉS.

1 — Adamo — Deamo —
2 — Edomo — Perdomo —
4 — Accubo — Excubo — Incubo — Recubo — mais Secubo sans supin —
5 — Concrepo — Increpo — mais Discrepo sans supin —
6 — Deseco — Disseco —
7 — Persono — mais Consono sans supin, et resono, resonavi sans supin —
8 — Adjuvo —
9 — Circumdo — Pessundo — Satisdo — Venundo —
10 — Adsto — Exsto — Insto et resto sans supin — Consto, constatum — Persto, perstatum —
Obsto, obstitum — Præsto, præstitum et præstatum font *stiti* au parfait — Antesto —
Circumsto — Intersto et supersto font *steti* au parfait et n'ont pas de supin —

II

DEUXIÈME CONJUGAISON.

1 — Moneo, es, monui, monitum, monere . . . . . Avertir —
2 — Doceo, es, docui, doctum, docere . . . . . Instruire —
3 — Tenco, es, tenui, *tentum*, tenere. . . . . . Tenir —
4 — Caveo, es, cavi, cautum, cavere. . . . . . Prendre garde —
5 — Faveo, es, favi, fautum, favere. . . . . . Favoriser —
6 — Foveo, es, fovi, fotum, fovere. . . . . . Échauffer —
7 — Moveo, es, movi, motum, movere . . . . . Mouvoir —
8 — Voveo, es, vovi, votum, vovere. . . . . . Vouer —
9 — Deleo, es, delevi, deletum, delere . . . . . Détruire —
10 — Fleo, es, flevi, fletum, flere. . . . . . Pleurer —

COMPOSÉS.

1 — Admoneo — Commoneo — Præmoneo —
2 — Edoceo — Perdoceo — mais Dedoceo sans supin —
3 — Abstineo — Attineo — Contineo — Distineo — Detineo — Retineo — Sustineo —
mais Pertineo sans supin —
4 — Præcaveo —
6 — Refoveo —
7 — Commoveo — Permoveo — Amoveo — Submoveo — Admoveo — Promoveo — Removeo —
8 — Devoveo —
10 — Defleo —

III

DEUXIÈME CONJUGAISON.

```
 1 — Augeo ,   es ,  auxi ,     auctum ,              augere.   .  Augmenter —
 2 — Torqueo,  es ,  torsi ,    tortum ,              torquere. .  Tordre —
 3 — Misceo ,  es ,  miscui ,   mistum et mixtum,     miscere.  .  Mêler —
 4 — Video ,   es ,  vidi ,     visum ,               videre.   .  Voir —
 5 — Hœreo ,   es ,  hœsi ,     hœsum ,               hœrere.   .  Être attaché —
 6 — Jubeo ,   es ,  jussi ,    jussum ,              jubere.   .  Ordonner —
 7 — Maneo ,   es ,  mansi ,    mansum ,              manere.   .  Rester —
 8 — Suadeo ,  es ,  suasi ,    suasum ,              suadere.  .  Conseiller —
 9 — Sédeo ,   es ,  sedi ,     sessum ,              sedere.   .  Être assis —
10 — Mordeo ,  es ,  momordi ,  morsum ,              mordere   .  Mordre —
```

COMPOSÉS.

 1 — Adaugeo —

 2 — Contorqueo — Distorqueo — Extorqueo —

 3 — Admisceo — Commisceo — Immisceo — Permisceo —

 4 — Invideo — Pervideo — Prævideo — Provideo —

 5 — Adhœreo — Cohœreo — Inhœreo —

 7 — Permaneo — mais Remaneo sans supin —

 8 — Dissuadeo — Persuadeo —

 9 — Assideo — Circumsedeo — Dissideo — Obsideo — Possideo — Præsideo — Supersedeo —

10 — Demordeo — sans redoublement au parfait —

IV

TROISIÈME CONJUGAISON.

 1 — Lego,   is, legi, lectum,   legere. . . . . . . Cueillir —
 2 — Statuo, is, statui, statutum,   statuere. . . . . Établir —
 3 — Tribuo, is, tribui, tributum,   tribuere. . . . . Accorder —
 4 — Arguo, is, argui, insimulatum, arguere. . . . . Accuser —
 5 — Ruo,   is, rui, rutum,   ruere,   ruiturus. . Tomber —
 6 — Struo, is, struxi, structum,   struere . . . . . Construire —
 7 — Fluo, is, fluxi, fluxum,   fluere. . . . . . Couler —
 8 — Solvo, is, solvi, solutum,   solvere . . . . . Dissoudre —
 9 — Volvo, is, volvi, volutum,   volvere . . . . . Rouler —
10 — Vivo, is, vixi, victum,   vivere. . . . . . Vivre —

COMPOSÉS.

1 — Perlego — Prælego — Colligo — Deligo — Eligo — Seligo — mais Diligo, intelligo et negligo font *exi* au parfait —

2 — Constituo — Destituo — Instituo — Præstituo — Restituo — Substituo —

3 — Attribuo — Distribuo —

4 — Arguo — Redarguo — sans supin —

5 — Diruo — Obruo — Proruo — mais Corruo et irruo sans supin —

6 — Construo — Destruo — Exstruo — Instruo — Præstruo —

7 — Affluo — Confluo — Effluo — Interfluo — Perfluo — mais Refluo sans parfait ni supin —

8 — Absolvo — Dissolvo — Exsolvo — Persolvo — Resolvo —

9 — Evolvo — Involvo — Pervolvo — Revolvo —

V

TROISIÈME CONJUGAISON.

1 — Fodio, is, fodi, fossum, fodere . . . . . . Creuser —
2 — Fugio, is, fugi, fugitum, fugere . . . . . . Fuir —
3 — Cupio, is, cupivi, cupitum, cupere . . . . . . Désirer —
4 — Rapio, is, rapui, raptum, rapere . . . . . . Ravir —
5 — Pario, is, peperi, partum, parere, pariturus. . Enfanter —
6 — *Specio,* is, spexi, *spectum,* specere. . . . . . Voir —
7 — Quatio, is, *quassi,* quassum, quatere. . . . . Ébranler —
8 — Jacio, is, jeci, jactum, jacere. . . . . . . Jeter —
9 — Capio, is, cepi, captum, capere. . . . . . Prendre —
10 — Facio, is, feci, factum, facere. . . . . . Faire —

COMPOSÉS.

1 — Effodio — Confodio — Perfodio — Suffodio —

2 — Perfugio — mais Aufugio — Confugio — Effugio — Refugio sans supin —

3 — Concupisco — mais Discupio et Percupio sans parfait ni supin —

4 — Abripio — Arripio — Deripio — Diripio — Eripio — Subripio — pour les supins *reptum* —

6 — Adspicio — Conspicio — Despicio — Dispicio — Inspicio — Perspicio — Respicio —

7 — Concutio — Discutio — Excutio — Percutio — Incutio —

8 — Adjicio — Abjicio — Injicio — Rejicio — pour les supins *jectum* —

9 — Accipio — Decipio — Præcipio — Suspicio — pour les supins *ceptum* —

10 — Labefacio — Patefacio — mais Afficio — Perficio — Interficio — Conficio — Reficio font au supin *fectum* —

TROISIÈME CONJUGAISON.

1 — Claudo,	is,	clausi,	clausum,	claudere. . . .	Fermer —
2 — Divido,	is,	divisi,	divisum,	dividere. . . .	Diviser —
3 — Lædo,	is,	læsi,	læsum,	lædere. . . .	Blesser —
4 — Ludo,	is,	lusi,	lusum,	ludere. . . .	Jouer —
5 — Rodo,	is,	rosi,	rosum,	rodere. . . .	Ronger —
6 — Trudo,	is,	trusi,	trusum,	trudere. . . .	Pousser —
7 — Accendo,	is,	accendi,	accensum,	accendere. . .	Allumer —
8 — Defendo,	is,	defendi,	defensum,	defendere . . .	Défendre —
9 — Prehendo,	is,	prehendi,	prehensum,	prehendere. . .	Prendre —
10 — Scando,	is,	scandi,	scansum,	scandere. . . .	Monter —

COMPOSÉS.

1 — Concludo — Excludo — Includo — Recludo — Secludo —

3 — Allido — Illido — Collido — Elido —

4 — Colludo — Alludo — Eludo — Deludo — Illudo — Præludo —

5 — Abrodo — Arrodo — Circumrodo — Derodo — Perrodo —

6 — Detrudo — Extrudo — Protrudo —

7 — Incendo — Succendo —

9 — Apprehendo — Comprehendo — Deprehendo — Reprehendo —

10 — Ascendo — Descendo — Conscendo — Inscendo —

VII

TROISIÈME CONJUGAISON.

1 — Edo,	is, edi,	esum,	edere	Manger —
2 — Offendo,	is, offendi,	offensum,	offendere.	Rencontrer —
3 — Fundo,	is, fudi,	fusum,	fundere.	Verser —
4 — Cado ,	is, cecidi,	casum,	cadere	Tomber —
5 — Cædo,	is, cecidi,	cæsum,	cædere.	Trancher —
6 — Pendo,	is, pependi,	pensum,	pendere.	Peser —
7 — Tendo,	is, tetendi,	tensum et tentum,	tendere.	Tendre —
8 — Tundo,	is, tutudi,	tusum,	tundere.	Frapper —
9 — Credo,	is, credidi,	creditum,	credere.	Croire —
10 — Dedo,	is, dedidi,	deditum ,	dedere, composé de dare. Livrer —

COMPOSÉS.

1 — Exedo — Comedo —

3 — Affundo — Confundo — Diffundo — Effundo — Infundo — Offundo — Profundo —

4 — Incido — Occido — Recido — sans redoublement au parfait — Accido — Concido — Decido — Excido — sans redoublement ni supin —

5 — Abscido — Concido — Decido — Excido — Incido — Præcido — Occido — Recido — n'ont pas de redoublement et font *cisum* au supin —

6 — Appendo — Expendo — Suspendo — Dependo — Impendo — sans redoublement —

7 — Extendo — Ostendo — Detendo — Intendo — mais Attendo — Gontendo — Obtendo — Prætendo — Protendo n'ont què *tum* au supin —

8 — Contundo — Obtundo — Extundo — Retundo — sans redoublement —

10 — Abdo — Addo — Condo — Edo — Perdo — Reddo — Trado — Vendo —

VIII

TROISIÈME CONJUGAISON.

```
 1 — Cedo,     is,  cessi,    cessum,     cedere.  . . . . . . . Aller —
 2 — Scindo ,  is,  scidi,    scissum ,   scindere . . . . . . Déchirer —
 3 — Mitto,    is,  misi,     missum,     mittere . . . . . . Envoyer —
 4 — Peto,     is,  petivi,   petitum,    petere. . . . . . . Demander —
 5 — Sisto,    is,  stiti ,   statum,     sistere. . . . . . . Arrêter —
 6 — Verto,    is,  verti ,   versum,     vertere . . . . , . Tourner —
 7 — Scribo,   is,  scripsi,  scriptum,   scribere. . . . . . Écrire —
 8 — Carpo,    is,  carpsi,   carptum,    carpere. . . . . . Cueillir —
 9 — Rumpo,    is,  rupi ,    ruptum,     rumpere . . . . . Rompre —
10 — Accumbo,  is,  accubui,  accubitum,  accumbere, de cubare. Se coucher —
```

COMPOSÉS.

 1 — Accedo — Concedo — Decedo — Discedo — Excedo — Incedo — Recedo — Succedo —

 2 — Conscindo — Discindo — Perscindo — Rescindo — Abscindo — Exscindo —

 3 — Admitto — Amitto — Committo — Demitto — Dimitto — Emitto — Immitto — Omitto — Permitto — Promitto — Remitto — Submitto —

 4 — Appeto — Expeto — Oppeto — Repeto —

 5 — Absisto — Adsisto — Insisto — Persisto — Resisto — Subsisto sans supin — mais Consisto Desisto — Exsisto — Obsisto font au supin *stitum* —

 6 — Averto — Adverto — Animadverto — Converto — Everto — Subverto —

 7 — Adscribo — Describo — Inscribo — Præscribo —

 8 — Concerpo — Discerpo — Decerpo —

 9 — Abrumpo — Erumpo — Corrumpo — Interrumpo — Irrumpo — Prorumpo —

10 — Incumbo — Procumbo — Succumbo — Occumbo —

IX

TROISIÈME CONJUGAISON.

1 — Cingo, is, cinxi, cinctum, cingere. . . . . Ceindre —
2 — Jungo, is, junxi, junctum, jungere. . . . . Joindre —
3 — Rego, is, rexi, rectum, regere . . . . Rendre droit —
4 — Tego, is, texi, tectum, tegere . . . . Couvrir —
5 — Traho, is, traxi, tractum, trahere . . . . Tirer —
6 — Veho, is, vexi, vectum, vehere. . . . . Porter —
7 — Dico, is, dixi, dictum, dicere . . . . Dire —
8 — Duco, is, duxi, ductum, ducere . . . . Conduire —
9 — Fingo, is, finxi, fictum, fingere . . . . Feindre —
10 — Pingo, is, pinxi, pictum, pingere. . . . . Peindre —

COMPOSÉS.

1 — Accingo — Discingo —

2 — Adjungo — Conjungo — Disjungo — Sejungo — Subjungo —

3 — Arrigo, *exi, ectum* — Corrigo — Dirigo — Erigo — Porrigo — Surgo qui vient de Sub-rigo, Sur-rigo, rexi, rectum, et avec deux préfixes Assurgo — Consurgo — Desurgo — Exsurgo — Insurgo — Resurgo —

4 — Contego — Detego — Obtego — Protego — Retego —

5 — Attraho — Contraho — Detraho — Extraho — Pertraho — Retraho —

6 — Adveho — Circumveho — Inveho — Præterveho —

7 — Addico — Contradico — Edico — Indico — Interdico — Prædico —

8 — Abduco — Adduco — Deduco — Induco — Introduco — Perduco — Produco — Reduco — Seduco — Subduco — Traduco —

9 — Affingo — Effingo — Confingo — Refingo —

10 — Appingo — Depingo — Expingo —

X

TROISIÈME CONJUGAISON.

1 — Stringo,	is,	strinxi,	strictum,	stringere.	Serrer —
2 — Figo,	is,	fixi,	fixum,	figere.	Ficher —
3 — Flecto,	is,	flexi,	flexum,	flectere	Plier —
4 — Parco,	is,	peperci,	parsum,	parcere	Épargner —
5 — Tango,	is,	tetigi,	tactum,	tangere	Toucher —
6 — Ago,	is,	egi,	actum,	agere.	Agir —
7 — Frango,	is,	fregi,	fractum,	frangere	Briser —
8 — Linquo,	is,	liqui,	*lictum,*	linquere	Laisser —
9 — Vinco.	is,	vici,	victum,	vincere	Vaincre —
10 — Spargo,	is,	sparsi,	sparsum,	spargere	Répandre —

COMPOSÉS.

1 — Adstringo — Constringo — Distringo — Obstringo — Perstringo —

2 — Affigo — Transfigo —

3 — Deflecto — Inflecto —

5 — Attingo, attigi et Contingo — Obtingo —

6 — Cogo pour coago — Abigo — Adigo — Exigo — Redigo — Subigo — Transigo ont le parfait en *egi* —

7 — Confringo — Effringo — Perfringo — Refringo —

8 — Relinquo — Derelinquo — Delinquo —

9 — Convinco — Devinco — Evinco —

10 — Adspergo — Dispergo — Conspergo — Respergo —

XI

TROISIÈME CONJUGAISON.

1 — Demo , is, dempsi, demptum, demere. . . Oter —
2 — Sumo , is, sumpsi, sumptum , sumere. . . Prendre —
3 — Temno , is, *tempsi*, *temptum* , temnere. . . Mépriser —
4 — Alo , is, alui, altum ou alitum, alere . . . Nourrir —
5 — Colo , is, colui, cultum , colere . . Cultiver —
6 — Consulo, is, consolui, consultum, consulere. . Consulter —
7 — Occulo, is, occului, occultum, occulere . . Cacher —
8 — Vomo, is, vomui, vomitum, vomere . . Vomir —
9 — Gigno, is, genui, genitum, gignere. . . Engendrer —
10 — Pono , is, posui, positum, ponere. . . Placer —

COMPOSÉS.

2 — Absumo — Consumo — Adsumo — Desumo —
3 — Contemno —
5 — Excolo — Incolo — Percolo —
8 — Evomo — Revomo —
9 — Ingigno — Progigno —
10 — Antepono — Appono — Compono — Depono — Dispono — Expono — Oppono —
Postpono — Præpono — Sepono —

XII

TROISIÈME CONJUGAISON.

1 — Cerno,	is,	crevi,	*cretum*,	cernere.	Voir —
2 — Sperno,	is,	sprevi,	spretum,	spernere.	Mépriser —
3 — Sterno,	is,	stravi,	stratum,	sternere.	Étendre —
4 — Cano,	is,	cecini,	cantum,	canere.	Chanter —
5 — Curro,	is,	cucurri,	cursum,	currere.	Courir —
6 — Fallo,	is,	fefelli,	falsum,	fallere	Tromper —
7 — Pello,	is,	pepuli,	pulsum,	pellere	Chasser —
8 — Posco,	is,	poposci,	sans supin,	poscere.	Demander —
9 — Disco,	is,	didici,	sans supin,	discere.	Apprendre —
10 — Tero,	is,	trivi,	tritum,	terere.	Frotter —

COMPOSÉS.

1 — Decerno — Discerno — Excerno — Secerno —

3 — Consterno — Insterno — Prosterno —

4 — Occino, is, occinui, occentum, occinere — Succino — Accino — Intercino — Recino — sans parfait ni supin —

5 — Concurro sans redoublement — mais Accurro — Decurro — Discurro — Excurro — Incurro — Percurro — Præcurro — Procurro — presque toujours avec redoublement —

6 — Refello, is, refelli, sans supin, refellere —

7 — Appello — Compello — Depello — Expello — Impello — Propello — Repello — sans redoublement —

8 — Exposco et Deposco avec redoublement — mais Reposco sans parfait —

9 — Addisco — Dedisco — Edisco —

10 — Attero — Contero —

XIII

TROISIÈME CONJUGAISON.

 1 — Emo,   is,   emi,   emptum,   emere.   . Acheter —
 2 — Premo,   is,   pressi,   pressum,   premere. . Presser —
 3 — Gero,   is,   gessi,   gestum,   gerere.   . Porter —
 4 — Uro,   is,   ussi,   ustum,   urere .   . Brûler —
 5 — Quæro,   is,   quæsivi,   quæsitum,   quærere. . Chercher —
 6 — Accerso, is,   accersivi, accersitum, accersere . Faire venir —
 7 — Cresco, is,   crevi,   cretum,   crescere. . Croître —
 8 — Nosco,   is,   novi,   notum,   noscere. . Apprendre à connaître —
 9 — Quiesco, is,   quievi,   quietum,   quiescere . Se reposer —
10 — Suesco, is,   suevi,   suetum,   suescere. . S'habituer —

COMPOSÉS.

 1 — Adimo, emi, emptum — Coemo — Dirimo — Eximo — Interimo — Perimo — Redimo —
 2 — Comprimo — Deprimo — Exprimo — Opprimo — Reprimo — Supprimo —
 3 — Congero — Digero — Ingero —
 4 — Aduro — Comburo — Exuro — Inuro —
 5 — Acquiro — Conquiro — Exquiro — Inquiro — Perquiro — Requiro —
 7 — Concresco — Decresco — Excresco — mais Accresco, Incresco et Succresco sans supin —
 8 — Ignosco — Dignosco — mais Agnosco et Cognosco font au supin *itum* —
 9 — Acquiesco — Conquiesco — Requiesco —
10 — Adsuesco — Consuesco — Insuesco — Desuesco —

XIV

QUATRIÈME CONJUGAISON.

1 — Audio, is, audivi, auditum, audire. . . . Entendre —
2 — Sepelio, is, sepelivi, sepultum, sepelire. . . . Ensevelir —
3 — Eo, is, ivi et ii, itum, ire. . . . . Aller —
4 — Aperio, is, aperui, apertum, aperire. . . . Ouvrir —
5 — Haurio, is, hausi, haustum, haurire. . . . Puiser —
6 — Vincio, is, vinxi, vinctum, vincire. . . . Lier —
7 — Sepio, is, sepsi, septum, sepire . . . . Entourer de haies —
8 — Venio, is, veni, ventum, venire. . . . Venir —
9 — Sentio, is, sensi, sensum, sentire. . . . Sentir —
10 — Ferio, is, percussi, ictum, ferire. . . . . Frapper —

COMPOSÉS.

1 — Exaudio —

3 — Abeo — Adeo — Circumeo — Pereo — Prætereo — Redeo — Transeo — Subeo —
Ils font *ii* et non pas *ivi* au parfait —

4 — Operio — Cooperio — mais Comperio et reperio font comperi et reperi au parfait —

5 — Part. fut. hausturus et hausurus — Exhaurio —

6 — Devincio — Revincio —

7 — Consepio — Insepio —

8 — Advenio — Convenio — Invenio — Obvenio — Pervenio — Revenio — Subvenio —

9 — Consentio — Dissentio — Persentio — Præsentio —

XV

VERBES DÉPONENTS.

 1 — Fateor,   eris,   fassus sum,   fateri. . . . Avouer —
 2 — Reor,   eris,   ratus sum,   reri. . . . Croire —
 3 — Tueor,   eris,   tuitus sum,   tueri. . . . Regarder, défendre —
 4 — Apiscor, eris,   aptus sum,   apisci. . . . Obtenir —
 5 — Fruor,   eris,   fruitus et fructus sum, frui, fruiturus. Jouir —
 6 — Labor,   eris,   lapsus sum,   labi . . . . Tomber peu à peu —
 7 — Nitor,   eris,   nisus et nixus sum, niti . . . . S'appuyer —
 8 — Queror,   eris,   questus sum,   queri. . . . Se plaindre —
 9 — Ulciscor, eris,   ultus sum,   ulcisci . . . Venger —
10 — Irascor, eris,   succensui,   irasci. . . . Se fâcher —

COMPOSÉS.

 1 — Confiteor et profiteor, *fessus* sum —
 3 — Contueor — Intueor —
 4 — Adipiscor et indipiscor, *deptus* sum —
 5 — Perfruor, perfructus sum —
 6 — Collabor — Delabor — Dilabor — Prolabor — Relabor —
 7 — Adnitor — Connitor — Enitor — Obnitor —
 8 — Conqueror —
10 — Succensui de succenseo pour iratus sum, *je suis* en colère —

XVI

VERBES DÉPONENTS.

1 — Comminiscor,	eris ,	commentus sum,	comminisci.	.	Inventer —
2 — Nanciscor,	eris ,	nactus sum ,	nancisci.	. .	Obtenir —
3 — Nascor,	eris ,	natus sum ,	nasci.	. . .	Naître —
4 — Morior,	moreris ,	mortuus sum ,	mori, moriturus.		Mourir —
5 — Patior,	pateris ,	passus sum ,	pati.	. . .	Souffrir —
6 — Gradior,	graderis ,	gressus sum,	gradi.	. . .	Marcher —
7 — Orior,	oreris ,	ortus sum ,	oriri, oriturus.		S'élever —
8 — Assentior,	iris ,	assensus sum ,	assentiri.	. .	Consentir —
9 — Metior,	iris ,	mensus sum ,	metiri	. . .	Mesurer —
10 — Ordior,	iris ,	orsus sum ,	ordiri	. . .	Commencer —

COMPOSÉS.

1 — De miniscor, inusité — Reminiscor, sans parfait —

3 — Innascor — Renascor —

4 — Emorior — Commorior — Demorior —

5 — Perpetior, perpessus sum —

6 — Aggredior — Congredior — Digredior — Egredior — Ingredior — Progredior — Regredior —

8 — Orior avec coorior et exorior sur le modèle d'accipior, mais adorior se conjugue tout du
long sur blandior —

9 — Dimetior — Emetior — Permetior —

10 — Exordior —

XVII

THÉORIE ÉLÉMENTAIRE DES PRÉFIXES

On appelle PRÉFIXES six particules inséparables et vingt prépositions qui sont placées et soudées au commencement de certains mots pour en modifier le sens.

Les particules sont : *Amb, dis, ne, re, se, ve,* et les prépositions : *Ab, ad, ante, circum, cum, de, ex, in, inter, intro, ob, per, post, præ, præter, pro, sub, subter, super, trans.*

Les Préfixes ajoutent une idée accessoire au sens du mot simple, ou bien ils nient ou diminuent ce sens. Ils sont complétifs, ou négatifs ou diminutifs.

VALEUR DES PARTICULES.

AMB, A l'entour de — *Amb-ire,* aller à l'entour de, entourer, circonvenir, solliciter —

DIS, 1° De divers côtés — *Dis-solvere,* séparer de divers côtés, désunir, dissoudre — *Dif-fugere,* fuir de côté et d'autre, se disperser — *Di-lauda e,* louer en tous sens, combler d'éloges — 2° A l'écart — *Di-gredi,* marcher à l'écart, se séparer — 3° Négatif — *Dis-similis,* à l'écart de semblable, non semblable, différent — *Dis-suadere,* dissuader —

NE, Négatif — *Ne-queo,* je ne peux pas — *Neg-ligens,* qui ne cueille pas, paresseux —

RE, 1° En arrière — *Re-cedere,* se mouvoir en arrière, reculer — *Red-ire,* aller en arrière, revenir — 2° En retour — *Re-munerari,* faire un présent en retour, récompenser — 3° En sens contraire — *Re-sistere,* arrêter en sens contraire, résister — 4° De nouveau — *Re-virescere,* verdir de nouveau, reverdir — 5° Beaucoup — *Re-condere,* cacher à fond, profondément — *Re-splendere,* briller avec éclat —

SE, A part — *Se-cedere,* se mouvoir à part, se séparer — *Se-ducere,* mener à part, tirer à l'écart, en particulier —

VE, Négatif — *Ve-sanus,* insensé — *Ve-grandis,* pas grand, grêle, maigre —

VALEUR DES PRÉPOSITIONS.

A, AB, 1° A distance de — *A-movere,* mouvoir à distance de, éloigner — *Ab-ducere,* mener à distance de, emmener — 2° Négatif — *Ab-similis,* à distance de semblable, non semblable, différent — 3° De haut en bas — *Ab-jicere,* jeter à bas — *Ab-sorbere,* boire du haut en bas, jusqu'au fond, entièrement, avaler, absorber — *Ab-sumere,* prendre du haut en bas, consommer, perdre, détruire —

E, EX, 1° En dehors de — *Ex-ire,* aller en dehors de, sortir — *Ex-primere,* presser en dehors de, extraire — *Ef-fundere,* verser en dehors de, épancher — *E-ligere,* cueillir en dehors de, trier, choisir — 2° Négatif — *Ex-spes,* en dehors de l'espoir, sans espoir — 3° De bas en haut — *Ex-struere,* construire de bas en haut, élever — *Ex-igere,* faire de bas en haut, achever — *Ex-ornare,* orner de bas en haut, entièrement, avec soin, avec grâce —

DE, 1° Hors de — *De-pellere,* pousser hors de, chasser — 2° Négatif — *De-mens,* hors de la raison, fou — *De-decus,* hors de l'honneur, honte — *De-sperare,* hors d'espérer, désespérer — 3° De haut en bas — *De-volare,* voler de haut en bas, descendre en volant — *De-ridere,* rire de haut en bas, désagréablement, railler — *De-cipere,* prendre désagréablement, tromper —

AD, 1° En approchant de — *Ad-vertere*, tourner en approchant de — *Ad-dubitare*, en approchant de douter, presquedouter, incliner à douter — *Ad-urere*, en direction vers brûler, brûler à la surface — *Ad-amare*, se mettre à aimer, s'éprendre — *Ad-edere*, à peu près, presquemanger, manger doucement et en rongeant, grignoter — *Ad-vesperascit*, la nuit approche — 2° Près de — *Ad-jacere*, être situé près de — *Ad-vigilare*, veiller près de —

IN, 1° En allant dans, sur, contre — *In-ducere*, mener dans, faire entrer, introduire — *In-silire*, sauter dans, sur, contre — 2° En étant dans, sur — *In-ambulare*, se promener en étant dans — *Im-pendere*, être suspendu, planer sur — 3° négatif seulement devant les noms, les adjectifs, les participes et les adverbes — *In-edia*, abstinence — *In-dignus*, indigne — *Il-læsus*, sain et sauf — *Ig-notus*, inconnu — *In-nocuè*, vertueusement —

INTRO, En dedans — *Intro-spicere*, regarder en dedans, scruter, pénétrer —

CUM, COM, 1° Ensemble — *Co-ire*, aller ensemble, se réunir — *Co-emere*, acheter ensemble — 2° Dans son ensemble — *Com-prehendere*, prendre dans son ensemble, contenir, comprendre, concevoir — *Con-sumere*, prendre dans toutes ses parties, consommer, détruire — *Com-probare*, approuver sans réserve — *Col-lustrare*, éclairer dans tous les sens — *Com-mutare*, transformer —

INTER, Au milieu de — *Inter-esse*, se trouver au milieu de — *Inter-ficere*, agir au milieu de, entre-couper, détruire, tuer — *Inter-imere*, d'emere, sens primordial et fondamental suivant Festus, ôter, prendre — ôter au milieu de, tuer, détruire, anéantir —

PER, En traversant jusqu'au bout — *Per-agere*, faire en traversant jusqu'au bout, achever, terminer — *Per-ire*, aller à travers jusqu'au bout, mourir — *Per-imere*, prendre à travers et jusqu'au bout, tuer —

CIRCUM, 1° Tout autour — *Circum-cludere*, enfermer tout autour — 2° de côté et d'autre — *Circum-cursare*, courir de côté et d'autre —

ANTE, Avant — *Ante-ire*, marcher avant, précéder — *Ante-ponere*, mettre avant, préférer —

PRÆ, En avant — *Præ-ire*, aller en avant, être en tête — *Verbum præ-fixum*, un mot attaché en avant, en tête d'un mot simple, un préfixe — *Præ-potens*, influent en avant des autres, très-influent —

PRO, Devant — *Pro-sternere*, étendre devant soi, abattre, renverser — *Prod-ire*, aller devant, paraître, se montrer — *Prod-esse*, être devant, être utile, servir —

OB., 1° En face de, vers ou contre — *Ob-versari*, être en face — *Of-ferre*, porter vers, offrir — *Os-tendere*, étendre vers, montrer — *Ob-esse*, être contre, nuire — *Ob-stare*, se tenir debout contre, faire obstacle — *Ob-loqui*, parler contre, contredire — 2° Autour de, le long de, près de — *Ob-sidere*, s'asseoir autour de, assiéger — *Ob-ire*, aller le long de, parcourir, terminer, mourir — *O-mittere*, envoyer à côté de, le long de, laisser, omettre — *Ob-ambulare*, se promener près de —

POST, Après — *Post-habere*, avoir après, placer après, sacrifier à, négliger pour —

SUB, SUS, 1° Dessous, en dessous — *Sub-igere*, pousser dessous, assujétir, soumettre — *Sus-tinere*, tenir en dessous, appuyer, soutenir — 2° Diminutif — *Sub-ridere*, sourire —

SUBTER, Même sens que SUB — *Subter-fluere*, couler au bas de — *Subter-fugere*, fuir en dessous, secrètement, se dérober à — *Se subter-ducere*, s'esquiver — Pas de diminutif —

SUPER, Sur, au dessus de — *Super-fundere*, verser dessus —

PRÆTER, Au delà de en côtoyant — *Præter-fluere*, longer, côtoyer —

TRANS, Au delà de en traversant — *Trans-ire*, traverser —